그림으로 읽는 강릉설화

경포호수와 범일국사 이야기

* 이 책은 강릉원주대학교 나눔문화센터에서 주관하는 사다리 프로젝트의
'미메시스' 지원금으로 조성된 것입니다.

그림으로 읽는 강릉설화

경포호수와 범일국사 이야기

박소현 | 고정훈 | 곽다나 | 김영진
안태양 | 이가현 | 이완희 | 이예슬
이학준 | 최유린 | 하새벽 공저

지식과교양

책 머리에

강릉은 관광문화자원이 풍부하여 늘 관광객으로 활기 가득한 곳입니다. 먹거리, 볼거리, 즐길거리가 풍부한 곳에, 지역과 관련된 재미있는 읽을거리가 있다면, 여행지로서 금상첨화이겠죠.

대학이 소재하고 있는 지역의 문화를 익히면서 깊어져가는 지역에 대한 관심과 애정은 지역주민과의 소통과 나눔의 정서로 성장하였습니다. 그리고 이 열정이 지역의 인문학적 자원을 구축하는 실천으로 이어졌습니다.

『그림으로 읽는 강릉설화』는 일본학을 전공하고 있는 학생들이 바쁜 학업 일정 속에서 각자 소중한 시간을 내어 선후배간에 따뜻한 소통과 협력으로 이루어낸 땀방울입니다.

첫걸음에는 비틀거리기도 하고 넘어지기도 하였지만, 그 과정 속에서 문제해결능력도 신장되고, 효과적인 소통과 진정한 나눔을 배우게 되었습니다.

강릉의 설화가 학생들의 이야기로 쓰이고, 그려지고, 번역되기 까지 너무나 많은 시간이 필요했지만, 촛불처럼 소박하고 따스하게 자신의 위치에서 빛과 온기를 발하여 하나의 아름다움을 만들어냈습니다. 다소 부족하지만, 애정어린 마음으로 『그림으로 읽는 강릉설화』와 만나주시기 바랍니다.

지도교수 박소현

경포호수

옛날 옛적 아주 먼 옛날에 어느 마을에 마음씨 고약한 영감이 살았습니다.

마을 사람들은 영감의 땅을 빌어서 농사를 짓고 있었습니다.

昔々、あるところに、とっても欲張りで、いじわるなおじいさんが住んでいました。

村の人々はおじいさんの土地を借りて耕作していました。

그런데 영감은 어린아이 울리기는 기본, 집안의 하인들에게 함부로 대하고, 돈을 빌려준 집에 찾아가서 아무 물건이나 빼앗아 오곤 했습니다.

ところが、おじいさんは、子供を泣かせるのは当たり前で、屋敷の家来たちの人使いも荒く、お金を貸してあげた家を訪れては、ものを奪ったりしました。

"왜 앉아서 쉬고 있는 거야. 밥을 먹었으면 밥값을 해야지! 빨리 일어나지 못해!"
"아직 밥도 다 안먹었습니다요…."
"뭔 말이 많아! 시키면 냉큼 하지 못하고!"

「なに座って休んでいるんだ！俺の家のものを食ってくらしているのなら、飯代分くらい働かないか！」
「まだ食べ終わってないんですけど…。」
「いちいちうるさいな！いいから働け！」

"오늘까지 갚기로 한 돈은 왜 안 가지고 와! 에잇, 이 옥수수뿐이로군! 이거라도 가져가야겠다."

"아이고, 영감님 이것만은 아니 됩니다요. 옥수수 한 말로 추수 때까지 버텨야 하는데 그것마저 없으면 저희는 뭘 먹고 삽니까."

"그건 내가 알 바 아니지. 저리 물러서라."

"아이고 우린 이제 어떻게 삽니까?"

「今日までに返すはずの金はどこにあるんだ！えいっ、このとうもろこしの袋でもいただいていくぞ。」

「それだけはご勘弁を…それがないと、私たち食べるものが何もないんです。」

「俺の知ったことか、よこせ！」

「私たち…これから何を食べればいいのやら…。」

어느 날 무척 여윈 한 남자가 그 영감 집에 와서 구걸을 합니다.

"찬밥 한 술만 주십시오…."
"내 집 앞에서 당장 꺼지지 못하나! 더럽게, 빨리 쫓아내고 소금 뿌려!"

ある日、とてもやせている男がそのおじいさんの屋敷に来て物乞いをしました。
「ご飯を少しだけ分けていただけませんでしょうか。」
「俺の家の前からさっさと消えうせろ！汚らしい、えいっ、さっさと追い出して塩でもまいておけ。」

그 영감의 갖은 횡포를 들어온 신선들은 매우 화가 났습니다.

そのおじいさんの横暴を全部聞いてきた神仙たちは怒りました。

“아무래도 내가 직접 그 영감 집에 가봐야 겠구나.
이번에도 못된 짓을 하면 크게 혼을 내줘야겠군.”

「私が直接おじいさんの屋敷へ行って、おじいさんを試してみよう。もういちど横暴したら、酷い目にあわせる。」

그 영감을 시험하여 벌을 줄 생각으로 신선은 늙은 스님의 모습을 하고 영감의 집을 찾아갔습니다.

そこで、神仙は老僧の姿をして、おじいさんの屋敷を訪ねました。

목탁을 두드리며 문 앞에서 나지막한 목소리로 사람을 부릅니다.

"안에 누구 계십니까."

門の前で木魚を叩きながら、低い声で人を呼んでいます。

「誰かいらっしゃいませんか。」

그러자 마음씨 고약하기로 소문난 그 영감이 방문을 열고 쳐다보고 있습니다.

"산 너머에서 온 중입니다. 부처님께 공양할 한 줌의 곡식이라도 부탁드립니다."

"우리 먹을 것도 없는데 시주는 무슨 시주! 어서 썩 꺼지거라! (혼잣말로) 거지 같은 놈이 감히 여기가 어디라고 구걸하러 와!"

"영감님, 창고에 곡식이 가득한 듯한데 어찌 먹을 것이 없다고 하십니까. 아무것도 없는 사람에게 온정을 베푸시는 것이 도리라고 생각하지 않으시나요? 조금만이라도 좋으니 불심으로 베풀어 주시길 바랍니다."

늙은 스님은 그 영감의 심성을 알아보기 위해 시주하지 않을 것이라 생각하면서도 계속 말했습니다.

するとといじわるおじいさんが窓を開けました。

「拙僧は遠い寺からやってきた旅の坊主です。供物に穀物を少し分けていただけませんか。」

「俺の口に入れるものもないってのに、施しだと？さっさと消え去れ！（独り言）乞食みたいな野郎が、ここがどこだと思ってるんだ。まったく！」

「おじいさん、倉庫いっぱいのお米があるのに、なぜ口に入れるものがないなんておっしゃいますか。貧乏な者に情けをかけるのが道理というものだと思われませんか。ほんのすこしでもいいですから、仏心を持ってご飯を施してください。」

老僧はおじいさんの心を試すため、施しをしないとわかってからも言い続けました。

“예끼, 이 건방진 중놈이! 당장 나가거라. 지금 당장 돌아가지 않으면 머슴을 시켜 쫓아낼 테다!”

“작은 것이라도 괜찮습니다. 조금만 베풀어 주십시오.”

“개똥아! 내일 밭에다 뿌릴 똥거름이라도 주거라!”

“어찌 사람에게 똥거름을 퍼부으라 하십니까요.”

「この生意気坊主が！さっさと出ていけ！今すぐ出ていかないと家来を使ってでも追い出すからな！」

「少しだけでもいいのです。施してもらえないでしょうか。」

「ゲトン！ 明日畑にやる下肥でもくれてやれ！」

「いや、でも…人に下肥なんて…。」

"네 이놈, 그럼 네가 똥거름을 먹어야 할게다. 빨리 퍼부어라!"

「なにを！お前が下肥を食べるか…！早くしろ！」

영감은 머슴을 시켜 늙은 스님에게 똥거름을 퍼붓게 하더니 낄낄 웃으며 방문을 닫습니다.

おじいさんは家来を使って老僧に下肥をかけ、ゲラゲラと笑いながら窓を閉めました。

늙은 스님은 그 영감의 집을 나서며 말했습니다.

"저렇게 고약하다니, 사람이 아니다! 저런 자는 벌을 받아야 당연하겠지!"

老僧はその屋敷を出ながらつぶやきました。
「あんなに腹の底からくさっているなんて…人の心がまったくない、あのような者は罰を受けて当然であろう。」

흰 구름이 늙은 스님을 휘감자, 늙은 스님은 신선으로 돌아왔습니다.

신선은 긴 지팡이를 휘둘렀습니다.

白い雲が老僧の体を包むと、老僧は神仙へと姿を変えました。

そして神仙が長い杖を振るうと、

그러자 그 영감의 집이 온갖 먹구름에 휩싸이고, 거센 비가 쏟아지며, 천둥 · 번개가 일어났습니다.

あっちこっちから雨雲が集まり、おじいさんの家に強い雨が降り注いでかみなりが鳴り始めました。

우르르 쾅쾅

"아니, 갑자기 무슨 일이지?"
"하늘이 노하셨다!"

ゴロゴロゴロ

「なんだ、なにが起きてるんだ。」
「神様のお怒りだ！」

“저걸 봐! 부잣집 영감네 집이 빗물에 잠기고 있어요!”

「見ろ！おじいさんの屋敷が雨水に沈んでいくぞ！」

다음 날, 날이 갠 뒤에 마을 사람들이 찾아가 보니, 영감네 집과 창고는 빗물에 사라지고, 그 자리는 호수가 되었습니다.

“못된 영감의 악행을 하늘이 아시고 벌을 주신 게야.”
“분명 천벌이지.”

翌日、雨が止んで村の人々が訪ねてみると、おじいさんの屋敷と倉庫は水の中にしずみ、湖ができていました。
「おじいさんの悪行を見て、罰があたったんだよ！」
「きっと天罰じゃの！」

부잣집 영감의 창고에 가득했던 곡식들은 모두 물에 잠겨 조개로 변해버렸다고 합니다.

사람들은 이 조개가 마치 쌀을 쌓아둔 것 같다 하여 '적곡조개'라고 불렀습니다.

おじいさんの倉庫にあったたくさんのお米は全部湖に沈み、貝に変わりました。

人々はお米を積みあげたみたいに貝があると言って、積穀貝(チョッコクゾゲ)と名付けました。

신기하게도 마을이 흉년일 때는 이 조개가 많이 나오고, 풍년일 때는 적게 나와, 자연스럽게 조개의 양이 조절되었다고 합니다.

마을 사람들은 이 조개 덕분에 굶주림 없이 행복하게 살았다고 합니다.

不思議なことに、この貝は年によって出てくる量が変わり、凶作の年には多いのに、豊作の年には少なかったそうです。

村人たちはこの貝のおかげで、お腹を空かすことなく幸せに暮らしたそうです。

범일국사

옛날 옛적에 굴산이라는 곳에 나이가 들어도 결혼을 하지 못한 아가씨가 부모님과 함께 살고 있었습니다.

여느 날과 같이 아가씨가 물을 뜨러 석천에 갔는데, 신기한 일이 벌어졌습니다.

표주박 속에 담긴 물에 빛이 반짝이고 있는 게 아니겠어요!

昔々、グルサンというところに、いい歳になっても結婚が出来ないお嬢さんが両親と一緒に暮らしていました。

いつもどおりお嬢さんが水を汲みにソッチョンという泉へ行くと、不思議なことが起きました。水を汲んだひょうたんのおたまの中の水がキラキラと光っていたのです。

하지만 아가씨는 '아, 해가 비쳐 반짝이고 있구나!'라고 생각하여 대수롭지 않게 여기고 그 물을 마셔버렸습니다.

しでも、お嬢さんは日が差しているだけだと思い、その水をそのまま飲んでしまいました。

그 후 아가씨의 배가 점점 불러오더니 아들을 낳게 되었어요.

すると、お嬢さんのお腹はどんどん大きくなって、やがて男の子が生まれました。

“결혼도 하지 않은 여자가 아기를 낳았다는 소문이 평생 우리 딸을 따라다닐 거예요. 앞으로 어떻게 살아야 할지…. 딸을 위해서라도 이 아기는 버리는 것이 좋겠어요.”

“딸이 모르는 사이에 아기를 산에 버리고 옵시다.”

“아기야, 미안하지만 우리는 너를 키울 수 없단다.”

「まだ結婚もしていない娘が子供を産んだという噂が一生娘に付いてまわるに決まってますわ…。

これからどうしたらいいのやら…。娘のためにはこの子は捨てた方がいいのかもしれませんね。」

「娘に知られないよう、こっそりこの子を山の中に捨ててきましょう。」

「赤ちゃん、本当にごめんね、私たちはあなたを育ててあげられないの。」

그녀의 부모님은 아기 엄마가 잠든 사이에 아기를 산 속 바위틈에 버리고 왔습니다.

お嬢さんの両親はお嬢さんが眠っている間に、
赤ちゃんを山の中の岩場に捨ててきました。

"어? 아이가 어디 갔지?"

잠에서 깬 아기 엄마는 사라진 아기를 찾아 여기저기 다 돌아다녔습니다. 하지만 며칠이 지나도 아기는 찾을 수 없었습니다.

「あれ、赤ちゃんがいない。」

目を覚ましたお嬢さんは、いなくなった赤ちゃんをあちらこちらと探し回りました。しかし、数日が経っても赤ちゃんは見つかりませんでした。

“어머니, 아버지. 아기를 아무리 찾아 돌아다녀도 어디에 있는지 도저히 모르겠어요.”

그녀가 슬피 흐느껴 울자 부모님은 이미 아기가 죽었을 것이라고 생각하여 아기 버린 곳을 가르쳐주었습니다.

「お父さん、お母さん、いくら探しても、赤ちゃんが見当たりません。」

お嬢さんが悲しそうに泣き始めたので、両親はもう赤ちゃんは死んだだろうと思い、赤ちゃんを捨てた場所をお嬢さんに教えてあげました。

허둥지둥 산으로 달려간 아기 엄마는 신비한 장면을 보고 깜짝 놀랐습니다. 죽은 줄 알았던 아기가 포대기에 싸인 채 동물들의 보호를 받고 있는 게 아니겠어요! 토끼와 사슴들은 아기 주변을 따뜻하게 에워싸고 있었고, 학은 붉은 열매를 물고 와서 아기의 입에 넣어주고 있었습니다. 아기 엄마는 아기가 살아있다는 사실에 안심하는 한편, 동물들의 보호를 받고 있는 아기가 비범하다고 생각하였습니다.

急いで山へと駆け出したお嬢さんは、不思議な光景を目にしました。きっと死んでいると思った赤ちゃんが、布に包まれて動物たちに守られているのではありませんか。うさぎや鹿などが赤ちゃんの周りを暖かく囲み、つるが赤い木の実をとって赤ちゃんの口の中に入れてあげていました。お嬢さんは赤ちゃんが生きていることに安心する一方で、動物たちに守られている赤ちゃんは特別な赤ちゃんなんだと思いました。

'아, 세상에나! 이 아기는 보통 아기가 아니구나!'

그래서 아기 엄마는 곧장 집으로 달려가 산에서 본 신비한 장면을 부모에게 설명했습니다.

"어머니, 이 아기는 범상치 않아요! 분명히 나중에 나라의 큰일을 맡게 될 거예요!"

「ああ！この子は普通の赤ちゃんではないんだわ！」

そして、まっすぐ家に戻り、山で見た不思議な光景を両親に伝えました。

「お母さん、あの子は普通の赤ちゃんではありませんわ！きっと後に国の大事を務める人になりますわ！」

이 신비한 이야기를 들은 그녀의 부모님은 아기가 범상치 않다고 느꼈습니다.

결국 다시 산에서 아기를 데려와 이름을 범일이라고 짓고, 소중하게 키웠습니다.

お嬢さんの不思議な話を耳にした両親は、その赤ちゃんが非凡な赤ちゃんだと思いました。両親は山に向かい、赤ちゃんを連れ帰ってきて梵日(ボミル)と名付け、大事に育てました。

그 후 아기는 건강하게 무럭무럭 자라서 어느덧 일곱 살이 되었습니다.

赤ちゃんは元気にすくすくと育ち、やがて七歳となりました。

“범일이 너희 집에는 아버지가 없다며? 우리 어머니가 너랑 놀지 말래!”

“아버지 없는 너랑 놀지 않을 거야!”

“우리 아버지가 이번에 새 신발을 사주셨지롱. 너는 이런 것도 못 받아봤지?”

마을 아이들에게 아비 없는 자식이라고 놀림을 받았지만, 아이는 그런 말에 상처받지 않고 꿋꿋하게 지냈습니다.

「お前、お父さんがいないんだろ？お母さんがお前とは遊ぶなってさ。」

「お父さんを連れてくるまで、お前とは遊んであげないよ。」

「私、お父さんに新しい靴を買ってもらったの。あんたはこんなことしてもらったことないでしょ？」

村の子供たちからお父さんのいない子供とからかわれましたが、梵日はそのような言葉に傷つくことなく、過ごしました。

어느 날, 아이는 어머니에게 자신의 아버지에 관해 물었습니다.

"어머니, 저희 아버지는 어디에 계신가요? 어떤 분이시길래 한 번도 우리를 만나러 오지 않으세요?"
"사실은 말이다…."

어머니는 아이에게 아버지가 처음부터 없었다고 말하고, 표주박에 담겨 반짝거리던 물을 마신 후에 생긴 일을 이야기해 주었습니다.

ある日、梵日はお母さんに自分のお父さんのことを訊きました。
「お母さん、私のお父さんはどこにいらっしゃるんですか？どんなお方で、なぜ一度も顔を見せてくださらないのですか？」
「実はね…。」
お母さんは梵日に最初からお父さんはいなかったと教えてやり、ひょうたんのおたまの輝く水を飲んだことを聞かせてやりました。

모든 이야기를 들은 범일은 “불효자는 어머니를 위해 더 큰 사람이 되어 돌아오겠습니다. 걱정하지 마시고 건강히 잘 지내주세요.”라고 말하며 인사를 한 뒤, 당시의 수도인 경주로 갔습니다.

すべての話を聞いた梵日は「この親不孝者はお母さんのため、もっと大きい人になって帰ってきます。ご心配なさらず、お体に気をつけてお過ごしください。」とお別れのあいさつを告げ、当時の都の慶州(キョンジュ)へと旅立ちました。

그는 경주에 가서도 줄곧 고향에 계신 어머니 생각을 하였습니다. 세월이 흘러 그는 불교 최고 지위인 국사(國師) 지위에 이르렀습니다.

梵日は慶州に行っても、ずっと故郷のお母さんのことを思っていました。

月日がながれ、子供だった梵日は仏教の最高位の国師になりました。

그가 바로 범일국사입니다.

범일이란 해가 바가지에 떠 있는 물을 마신 것에서 연유한 이름이라고 합니다.

범일은 국사 지위에 이르자 어머님이 계신 고향으로 돌아갔습니다.

"어머니, 불효자 범일이 이제야 어머니를 뵈러 갑니다."

この方が梵日国師です。梵日とは太陽が浮かんでいるひょうたんのおたまの水を飲んだことに由来する名前だそうです。梵日は国師の位についてようやく故郷へ帰ってきました。

「お母さん、この親不孝者が、ついにお母さんに会いに行きます。」

범일국사는 고향에 도착하자마자 제일 먼저 어머니가 계신 집으로 발걸음을 재촉하였습니다.

"어머니."
"늙은이 혼자 사는 집에 뉘시오?"
"어머니, 접니다. 경주로 떠난 제가 이제야 돌아왔습니다. 큰 사람이 되어 돌아오고자 지금까지 어머니께 불효하였습니다. 이 불효자를 용서해주십시오."

범일국사는 늙은 어머니를 극진히 모셨습니다.

梵日国師は故郷につくと、真っ先にお母さんのいる家へ駆けつけました。
「お母さん。」
「老いぼれ一人の家に何の用でしょうか。」
「お母さん、私です。慶州へと旅立った梵日が、とうとう帰ってきました。偉くなって帰ってこようと、今までお母さんのお世話ができなかった、この親不孝者をお許しください。」
梵日国師は老いたお母さんを大事に大事にしました。

그리고 고향에 굴산사를 세우고, 불교의 보급에 정진하였습니다.

그분은 모든 사람에게 존경받았습니다.

강릉에 왜구가 쳐들어왔을 때, 범일국사가 술법을 쓰자 왜구는 접근도 하지 못하고 물러났다고 합니다.

そして故郷には崛山寺(グルサンサ)を建て、仏教の普及に精進しました。それで梵日国師は人々から大変尊敬されました。

また、江陵(ガンヌン)に外敵が攻めてきたとき、梵日国師は道術を使って、外敵を近寄らせもせずに追い払ったと言われています。

이후 범일국사는 죽어서 대관령국사성황이 되었다고 합니다.

이 마을 사람들은 범일국사를 강릉단오제의 주신으로 모시며 매해 풍요와 안녕을 기원하여 왔습니다.

この梵日国師は死んで大関嶺(デグァンリョン)国師聖皇になりました。村の人々は梵日国師を江陵の端午の祭りの主神として祭り、毎年、豊饒と安寧を祈願しています。

지은이

박소현 | 강릉원주대 일본학과 교수

고정훈 | 강릉원주대 일본학과 3학년 재학중

곽다나 | 강릉원주대 일본학과 2학년 재학중

김영진 | 강릉원주대 일본학과 3학년 재학중

안태양 | 강릉원주대 일본학과 2학년 재학중

이가현 | 강릉원주대 일본학과 1학년 재학중

이완희 | 강릉원주대 일본학과 1학년 재학중

이예슬 | 강릉원주대 일본학과 1학년 재학중

이학준 | 강릉원주대 일본학과 1학년 재학중

최유린 | 강릉원주대 일본학과 3학년 재학중

하새벽 | 강릉원주대 일본학과 1학년 재학중

그림으로 읽는 강릉설화
-경포호수와 범일국사 이야기

초판 인쇄 | 2018년 11월 30일
초판 발행 | 2018년 11월 30일

지 은 이 박소현 외 10인

책임편집 윤수경

발 행 처 도서출판 지식과교양
등록번호 제2010-19호
주 소 서울시 도봉구 삼양로142길 7-6(쌍문동) 백상 102호
전 화 (02) 900-4520 (대표) / 편집부 (02) 996-0041
팩 스 (02) 996-0043
전자우편 kncbook@hanmail.net

ISBN 978-89-6764-132-0 03380 정가 12,000원